Titel der französischen Ausgabe:
L'imagerie des Princesses
ISBN 3-89717-380-8
Printed in Italy

10 9 8 7 6 5 4 3 2 1

Dein buntes Wörterbuch Prinzessinnen

Idee:
Nathalie Bélineau

Text:
Emilie Beaumont

Illustrationen:
Sophie Toussaint · François Ruyer

Übersetzung aus dem Französischen
von Regina Enderle

FLEURUS VERLAG

Inhalt

Kapitel I

Das Leben einer Prinzessin

Das Leben einer Prinzessin

Eine Prinzessin lebt in einem Schloss mit unzähligen Zimmern, Salons verschiedener Größen, einem prunkvollen Festsaal, einer riesigen Küche, Kerkern für die Bösewichte und unterirdischen Geheimgängen.

Die Eltern einer Prinzessin sind König und Königin. Sie herrschen über ein Reich und sind daher wichtige Persönlichkeiten. Die Einwohner des Reiches sind ihre Untertanen.

die Königin

der König

Eine Prinzessin wird nicht von ihren Eltern erzogen, sondern von einer Gouvernante, die von der Geburt bis zur Hochzeit nicht von ihrer Seite weicht. Sie bringt ihr bei, wie sich eine Prinzessin zu benehmen hat und berät sie bei der Kleiderwahl.

Der Hofmeister ist für die Ausbildung der Prinzessin verantwortlich, die von verschiedenen Lehrern unterrichtet wird. Rund um die Uhr wird sie von einem Leibwächter beschützt, der bei Gefahr sein Leben für das der Prinzessin opfern würde.

der Hofmeister

der Leibwächter

der kluge Geschichtslehrer

die strenge Anstandslehrerin

der fröhliche Gesangslehrer

der flotte Tanzlehrer

der tüchtige Leibarzt

Die Prinzessin wird jeden Morgen zur gleichen Zeit sanft von ihrer Lieblingsmusik geweckt. Sobald sie die Augen öffnet, reicht man ihr den Morgenmantel. Ihre Pantoffeln stehen vor dem Bett bereit, damit sie keine kalten Füße bekommt.

Nach dem Frühstück nimmt die Prinzessin ein Bad. Sie taucht in mit Rosenblättern parfümierte Eselsmilch ein, die ihre Haut wunderbar zart macht. Anschließend werden ihre Haare gerichtet und Füße und Hände gepflegt.

Nun begibt sich die Prinzessin in den Ankleideraum. Bei der Wahl des Kleides muss sie das Programm für den Tag berücksichtigen und außerdem die Besucher, die sie empfangen wird. Die Gouvernante berät sie dabei.

Im Ankleideraum finden auch die Anproben neuer Kleider im Beisein des persönlichen Schneiders der Prinzessin statt. Sie dauern immer ziemlich lange, da Hut, Schuhe und Schmuck passend zum Kleid ausgesucht werden.

Nach dem Ankleiden beginnt der Unterricht. Die Prinzessin erhält regelmäßig Tanzunterricht vom besten Tanzlehrer des Reiches. Sie muss lernen, mit ihren Ballkleidern zu tanzen, ohne über ihre Röcke zu stolpern.

Sobald eine Prinzessin lesen und schreiben kann, wird sie in der Geschichte ihres Landes unterrichtet. Sie lernt, wie ihre Vorfahren das Land erobert haben, ob sie gut oder böse waren und wie sie das Los ihrer Untertanen verbesserten.

Es ist äußerst wichtig zu wissen, wie man sich bei Tisch benimmt, wie man sich hinsetzt und wie man geht. Das Benehmen einer Prinzessin muss tadellos sein. Die Anstandslehrerin macht aus ihr eine wohl erzogene Dame.

Eine Prinzessin lehnt eine Speise niemals ab. Wenn sie etwas nicht mag, nimmt sie nur ein bisschen davon – sie muss aber auf jeden Fall kosten.

Eine Prinzessin spricht nicht beim Essen und fuchtelt auch nicht mit dem Besteck oder mit dem Glas herum.

Beim Teetrinken hält eine Prinzessin die Tasse in der einen und die Untertasse in der anderen Hand.

Eine Prinzessin stützt ihre Ellenbogen nicht auf dem Tisch auf, während sie auf den nächsten Gang wartet. Sie legt ihre Hände neben den Teller.

Eine Prinzessin hält das Besteck nicht in der Faust, sondern handhabt es mit Eleganz. Beim Schneiden des Fleisches darf keine Bratensoße auf das Tischtuch spritzen.

Eine Prinzessin beugt sich nicht über den Teller, sondern führt das Essen mit der Gabel zum Mund. Kurz gesagt: Sie verhält sich bei Tisch wie alle wohl erzogenen Menschen.

Eine majestätische Haltung nimmt die Prinzessin an, wenn sie den Bauch einzieht, die Schultern durchdrückt und den Kopf aufrecht hält. Damit sie sich stets gerade hält, übt sie mit Büchern, die sie auf ihrem Kopf balanciert.

Eine Prinzessin muss in jeder Lage die Haltung bewahren. Sie darf es sich nicht anmerken lassen, wenn sie müde ist oder gelangweilt.

Wenn ein Mann eine Prinzessin begrüßt, kniet er vor ihr nieder. Dann küsst er ihre Hand, die sie ihm reicht.

In Gegenwart eines König oder einer Königin erweist die Prinzessin ihnen ihre Reverenz; das heißt, sie macht vor ihnen einen Knicks.

Beim Stehen muss sie sich gerade halten und darf nicht von einem Bein auf das andere treten.

Im Sitzen verschränkt sie nie die Beine. Sie hält die Knie stets geschlossen.

Eine Prinzessin erhält viele Briefe. Da sie nicht alle selbst beantworten kann, wählt der Hofmeister die wichtigsten aus. Ihre Post wird mit einem Siegel aus Wachs verschlossen, in das sie mit einem Stempel ihre Initialen drückt.

Sie begleitet den König und die Königin auf ihren Reisen durch das Reich. Häufig macht sie auch allein mit ihrer Gouvernante und ihrem Leibwächter Besuche bei den Untertanen und verteilt Lebensmittel an die Armen.

Eine Prinzessin besucht auch Krankenhäuser und spricht mit den Patienten. Sie hört ihnen zu, sagt ihnen etwas Nettes und spendet ihnen ein wenig Trost.

Außerdem kümmert sie sich um die Waisen. Sie sorgt dafür, dass es den Kindern, die keine Mutter und keinen Vater mehr haben, an nichts fehlt.

An manchen Nachmittagen lädt die Prinzessin junge Mädchen aus gutem Hause ein. Sie werden abwechselnd an ihren Tisch gebeten, wo bei einer Tasse Tee die Neuigkeiten aus dem Reich ausgetauscht werden.

Zur Abrundung der musikalischen Erziehung ihrer Tochter laden der König und die Königin häufig Musiker ein. Meist werden die Musikstücke der Komponisten gespielt, die gerade in Mode sind.

Der Prinzessin stehen mehrere Kutschen zur Verfügung. Die prächtigen Staatskarossen werden nur bei besonderen Anlässen wie Paraden, an hohen Festtagen oder für Reisen in benachbarte Reiche benutzt.

Bei Reisen in der Kutsche wird die Prinzessin von ihrem treuen Leibwächter begleitet. Zwei oder drei Lakaien stehen hinten auf der Kutsche und geben auf die Umgebung Acht. Der Kutscher lenkt die Pferde.

Wenn ihre Tochter im heiratsfähigen Alter ist, richten der König und die Königin einen großen Ball aus, zu dem Könige, Königinnen, Prinzen und Prinzessinnen von weither eingeladen werden.

Zu diesem Anlass trägt die Prinzessin ihr prachtvollstes Ballkleid und wertvollen Schmuck. Die Prinzen verbeugen sich vor ihr und sie eröffnet den Ball mit dem Prinzen ihrer Wahl.

Es ist einer Prinzessin vorherbestimmt, einen Prinzen zu heiraten. Ihre Hochzeit ist ein wichtiges Ereignis für das Reich. Die Feier dauert mehrere Tage. Das Volk versammelt sich vor dem Schloss und jubelt dem Brautpaar zu.

Die Prinzessin trägt ein wunderschönes Kleid mit einer langen Schleppe. Ihr Schleier wird von einer königlichen Krone auf dem Kopf gehalten, die seit Generationen im Familienbesitz ist und nur zu diesem Anlass getragen wird.

Auf den vorangegangenen Seiten wurde das Leben der Prinzessinnen beschrieben, wie es früher war. Auf den folgenden Seiten findest du die Erlebnisse bekannter Prinzessinnen aus Märchen wie Aschenputtel oder Schneewittchen ...

Kapitel
II
Prinzessinnen im Märchen

Eselshaut

nach einem Märchen von Perrault

Es war einmal ein sehr mächtiger König, dessen Gemahlin von großer Schönheit war. Das Glück des Königspaares war vollkommen, als ihnen eine kleine Tochter geboren wurde. Das Königreich war überaus wohlhabend. Seinen Reichtum verdankte es einem Esel: Im Gegensatz zu anderen Eseln produzierte dieser keinen Mist, sondern aberhunderte von Goldstücken, die jeden Morgen eingesammelt wurden.

Das Glück des Königpaares fand ein jähes Ende, als die Königin eines Tages krank wurde. Die besten Ärzte und die stärksten Zaubersprüche der Feen konnten ihr nicht helfen. Im Sterben liegend nahm sie dem König das Versprechen ab, sich nur mit einer Frau zu vermählen, die schöner sei als sie. Nach ihrem Tod trauerte der König monatelang und weinte viele Stunden.

Doch das Reich brauchte einen Erben und der König wurde gedrängt, sich eine neue Gemahlin zu suchen. Also empfing er viele Prinzessinnen und sah sich unzählige Porträts an. Doch keine der Kandidatinnen war schöner als die verstorbene Königin. Nur eine Einzige kam in Frage: seine eigene Tochter. Als der König um ihre Hand anhielt, floh das arme Kind entsetzt aus dem Schloss und suchte Rat bei ihrer Patin, der Fliederfee.

Die Fee tröstete sie und stimmte der Prinzessin zu, dass sie ihren Vater niemals heiraten dürfe. Sie riet ihr dazu, ihm nicht offen zu widersprechen, sondern ihm eine unmögliche Aufgabe zu stellen. So sollte er ihr ein Kleid in der Farbe des Wetters schenken. Der König fand die schönsten Stoffe, rief die besten Schneider zu sich und schenkte seiner Tochter zwei Tage später das gewünschte Kleid. Verzweifelt verlangte das Mädchen nun ein Kleid in der Farbe des Mondes und danach in der Farbe der Sonne. Jedes Mal erfüllte der König ihren Wunsch.

Die Fliederfee war angesichts der Hartnäckigkeit des Königs sehr wütend und gab ihrem Patenkind einen letzten Rat: „Bitte deinen Vater um die Haut des Esels, den er so sehr schätzt.“

Der König konnte jedoch nicht mehr klar denken und befahl, das arme Tier umgehend zu töten. Die Eselshaut wurde der Prinzessin zu Füßen gelegt. Da riet die Fee ihrem Patenkind, das Schloss zu verlassen und sich unter der Tierhaut zu verstecken, um nicht erkannt zu werden. Sie gab ihr einen Zauberstab. Wenn sie damit die Erde berühre, werde ein Koffer voller Kleider und Schmuck vor ihr stehen.

In einem benachbarten Reich fand die Prinzessin Arbeit auf einem Bauernhof. Sie kümmerte sich um die Tiere und hütete die Schafe. Sie sorgte dafür, dass sie stets schmutzig war, damit sie noch hässlicher aussah. Sie war so unansehnlich, dass alle Welt sie nur Eselshaut nannte. Sie wohnte in einem Häuschen im hintersten Winkel des Hofes.

An einem Feiertag zauberte Eselshaut zum Zeitvertreib ihr Kleid in der Farbe der Sonne herbei, zog es an und legte zudem ihren schönsten Schmuck an. Ein Prinz, der zufällig vorbeikam, sah sie durch das Fenster. Niemals zuvor hatte er eine Frau von solcher Schönheit gesehen. Der Prinz verliebte sich sofort in sie. Er fragte die Bauern, wer in der Kammer wohne. Als sie ihm antworteten, dass dort die schmutzige Schafhirtin Eselshaut wohne, glaubte der Prinz, er habe geträumt.

Der Prinz kehrte heim, doch er fühlte sich vor Liebe ganz krank. Er wurde von einem fürchterlichen Fieber geschüttelt. Seine Mutter fragte, wie sie ihm helfen könne. Mit schwacher Stimme bat der Prinz: „Eselshaut soll mir einen Kuchen backen." Die Prinzessin machte sich sogleich an die Arbeit. Als sie den Teig knetete, fiel ihr Ring hinein. Der Prinz entdeckte ihn und war fest davon überzeugt, dass nur eine Prinzessin ein solch zartes Schmuckstück besitzen könne.

Der Prinz machte sich sofort auf die Suche nach der Eigentümerin des Ringes. Alle Prinzessinnen, Herzoginnen und Gräfinnen probierten den Ring an. Doch keiner wollte er passen. Nun brachte man die Stubenmädchen, Köchinnen und Bauerntöchter zum Prinzen. Doch auch ihre Finger waren nicht zart genug.

Da verlangte der Prinz Eselshaut zu sehen. Alle Welt lachte ihn aus: Eine solche Schmutzmagd sollte eine Prinzessin sein! Doch unter der Eselshaut kam eine kleine, weiße Hand zum Vorschein, die den Ring über den zarten Finger streifte. Mit einer Handbewegung streifte die Prinzessin die Eselshaut ab. Der Prinz war von ihrer Schönheit geblendet und kniete vor ihr nieder.

Am liebsten hätte der Prinz die schöne Prinzessin auf der Stelle geheiratet. Doch sie wollte zuvor die Zustimmung ihres Vaters einholen. Daher wurde ihm eine Einladung geschickt. Ihr Vater hatte inzwischen eine sehr schöne Königin geheiratet und war überglücklich, seine Tochter wiederzusehen. Er hatte sie im ganzen Reich gesucht. Ohne Zögern willigte er in die Hochzeit ein. Die Hochzeitsfeierlichkeiten dauerten fast drei Monate. Der Prinz und die Prinzessin lebten glücklich und zufrieden und bekamen viele Kinder.

Schneewittchen

nach einem Märchen der Brüder Grimm

Es war einmal eine Prinzessin namens Schneewittchen. Ihren Namen verdankte sie ihrer Haut, die so weiß war wie Schnee. Als ihre Mutter starb, nahm sich ihr Vater eine andere Frau zur Gemahlin. Die neue Königin ertrug es nicht, dass Schneewittchen eines Tages schöner als sie selbst werden könnte. Sie besaß einen Zauberspiegel und fragte ihn: „Spieglein, Spieglein an der Wand, wer ist die Schönste im ganzen Land?“ und stets erhielt sie die gewünschte Antwort: „Frau Königin, Ihr seid die Schönste im Land.“

Doch Schneewittchen wurde immer schöner und eines Tages antwortete der Spiegel der Königin, dass Schneewittchen tausendmal schöner sei als sie. Da befahl die Königin einem Jäger, das Mädchen in den Wald zu führen und zu töten. Als Beweis sollte er seine Lunge und Leber mitbringen. Aber der Jäger hatte Mitleid: Er ließ Schneewittchen davonlaufen und brachte der Königin die Lunge und Leber von einem Tier.

Schneewittchen lief kreuz und quer durch den großen Wald und wusste nicht, wohin es gehen sollte. Als es Nacht wurde, war es sehr müde. Da fand sich das Mädchen plötzlich auf einer Lichtung wieder, in deren Mitte ein kleines Häuschen stand. Schneewittchen ging hinein und beschloss, hier ein Weilchen auszuruhen.

Nachdem es sich ein wenig gestärkt hatte, fand Schneewittchen sieben Betten vor, die nicht größer als Kinderbetten waren. Es legte sich quer darüber und schlief ein. Tatsächlich war das Häuschen das Heim von sieben Zwergen, die frühmorgens zur Arbeit ins Bergwerk gegangen waren. Als sie nach Hause kamen, bemerkten sie sofort, dass jemand bei ihnen eingedrungen war. Dann entdeckten sie das schlafende Schneewittchen und betrachteten es voller Entzücken.

Als Schneewittchen erwachte, erzählte es ihnen ihre traurige Geschichte. Ihre neuen Freunde boten ihm an, bei ihnen zu bleiben. Die Prinzessin kümmerte sich um das Haus, kochte und putzte, und wenn die sieben Zwerge abends von der Arbeit kamen, war das Essen schon bereit. Darüber waren die Zwerge sehr froh.

Doch das Glück währte nur kurz, denn die Königin wollte hören, dass sie nun die Schönste im Lande sei und befragte erneut ihren Spiegel. Er antwortete ihr, dass Schneewittchen über den Bergen bei den sieben Zwergen tausendmal schöner sei als sie. Da wurde die Königin furchtbar zornig. Sie bereitete einen vergifteten Apfel vor und legte ihn mit anderen Äpfeln in einen Korb. Dann verkleidete sie sich als alte Bauersfrau und machte sich auf den Weg zu Schneewittchen.

Schneewittchen verließ das Haus der sieben Zwerge nie, denn niemand durfte wissen, wo es war. Doch als die verkleidete Königin es rief, kam es ans Fenster. „Sieh, was für schöne rote Äpfel ich habe“, sagte die Königin. Schneewittchen lehnte höflich ab. Doch die Königin ließ sich nicht zurückweisen und so nahm Schneewittchen den schönsten Apfel und biss hinein. Kaum hatte es den Bissen im Mund, fiel es tot um.

Als die Zwerge von der Arbeit zurückkamen, fanden sie Schneewittchen auf dem Boden liegend vor. Sie hoben es auf und versuchten verzweifelt, es wiederzubeleben. Doch alles war umsonst. Da weinten sie drei Tage um Schneewittchen. Nun wollten sie Schneewittchen begraben, aber es sah noch so lebendig aus mit seinen roten Backen, dass die Zwerge es noch weiter betrachten mussten. Sie beschlossen, es in einen gläsernen Sarg zu legen.

Eines Tages kam ein Königssohn vorbei, sah Schneewittchen und bewunderte seine Schönheit. Die Zwerge erzählten ihm die Geschichte der Königstochter. Der Prinz bat um den Sarg, weil er Schneewittchen immerzu ansehen wollte. Schließlich willigten die Zwerge ein. Doch als der Sarg angehoben wurde, fiel dem Mädchen das Stück des vergifteten Apfels aus dem Hals und es schlug die Augen auf.

Schneewittchen setzte sich auf und sah sich erstaunt um. Die sieben Zwerge waren außer sich vor Freude. Der Prinz sah es liebevoll an und bat es, ihn zu heiraten. Alle Könige und Königinnen der benachbarten Reiche wurden zur Hochzeit eingeladen, auch Schneewittchens böse Stiefmutter. Am Tag des Festes fragte sie ihren Spiegel, wer die Schönste im Lande sei. Als sie hörte, dass die Prinzessin, die heute heiraten sollte, tausendmal schöner sei als sie, erschrak sie furchtbar. Auf dem Fest musste sie erkennen, dass es sich bei der Braut um Schneewittchen handelte. Man hatte eiserne, glühende Pantoffeln für die böse Königin bereitgestellt. In ihnen musste sie tanzen, bis sie tot umfiel. Schneewittchen und der Prinz aber führten ein sehr glückliches Leben.

Aschenputtel

nach einem Märchen der Brüder Grimm

Es war einmal ein reicher Mann, der allein mit seiner Tochter lebte, denn seine Frau war gestorben. Eines Tages heiratete er eine herrschsüchtige Frau, die zwei boshafte Töchter hatte. Die Frau trug ihrer Stieftochter sämtliche Arbeiten im Haus auf. Zum Schlafen musste sich das Mädchen neben den Herd in die Asche legen. Daher wurde es nur noch Aschenputtel genannt.

Eines Tages lud der König alle jungen Mädchen aus gutem Haus zu einem Ball ein, damit sich sein Sohn eine Braut aussuchen konnte. Auch die beiden Stiefschwestern, die im Reich gut bekannt waren, wurden eingeladen. Aufgeregt besprachen sie, welche Kleider und Frisuren sie an diesem Tag tragen sollten. Aschenputtel musste ihnen die Schuhe putzen, beim Ankleiden helfen und die Haare kämmen.

Zu gerne wäre Aschenputtel mit zum Tanz gegangen! Es weinte und bat die Stiefmutter um Erlaubnis. Doch die lachte nur und sagte, Aschenputtel sei viel zu schmutzig und habe kein Kleid für solch einen Ball und auch keine schönen Schuhe. Die boshaften Stiefschwestern lachten Aschenputtel ebenfalls aus und gingen vergnügt davon.

Als Aschenputtel die Stiefmutter erneut bat, mitgehen zu dürfen, schüttete diese eine Schüssel Linsen in die Asche und trug ihm auf, die Linsen in einer Stunde aus der Asche zu lesen. Wenn es das schaffen würde, könne es mitgehen. Aschenputtel ging zur Hintertür und rief nach ihren Freunden, den Vögeln. Da kamen zwei weiße Täubchen und andere Vögel geflogen und pickten für Aschenputtel die Linsen aus der Asche.

Nach kurzer Zeit waren die Vögel fertig und flogen hinaus. Freudig zeigte Aschenputtel der Stiefmutter die Schüssel mit den Linsen, doch die Stiefmutter verbot ihm mitzugehen und sagte, man müsse sich seiner schämen, weil es keine Kleider habe und nicht tanzen könne. Dann eilte sie mit ihren beiden Töchtern zum Ball. Als nun niemand mehr daheim war, ging das traurige Aschenputtel zum Grab der Mutter.

Auf das Grab hatte Aschenputtel ein Haselreis gepflanzt, das zu einem schönen Baum herangewachsen war. Immer wenn Aschenputtel einen Wunsch aussprach, kam ein Vogel und warf ihm herab, was es sich wünschte. Nun rief es: „Bäumchen rüttel dich und schüttel dich, wirf Gold und Silber über mich!“ Da warf ihm der Vogel ein prächtiges Kleid herunter und mit Silber und Seide bestickte Pantoffeln. Aschenputtel streifte schnell das Kleid über, zog die Schuhe an und eilte zum Ball.

Als Aschenputtel zum Schloss kam, wurde der Prinz benachrichtigt, dass soeben eine sehr schöne Prinzessin angekommen sei. Rasch eilte er herbei. Als er das Mädchen sah, schlug ihm das Herz bis zum Hals, so schön war es. Er nahm Aschenputtel bei der Hand und führte es in den Ballsaal. Als sie den Saal betraten, verstummte die Musik mit einem Schlag und alle drehten sich nach dem Paar um.

Ein Raunen ging durch den Saal, denn niemand konnte sich die Herkunft der fremden Königstochter erklären. Der Prinz gab den Musikern ein Zeichen, verneigte sich vor Aschenputtel und bat um den nächsten Tanz. Den ganzen Abend wollte er mit keiner anderen tanzen und ließ sie nicht aus den Augen. Im Laufe des Abends kam Aschenputtel auch in die Nähe der beiden Stiefschwestern, die ihr prächtiges Kleid bewunderten.

Aschenputtel tanzte mit dem Prinzen, bis es spät war. Der Königssohn wollte es nach Hause begleiten, weil er wissen wollte, wo es herkam und wem es angehörte. Aschenputtel entwischte ihm jedoch und floh durch das Taubenhaus. Es lief zum Haselbäumchen, legte das prächtige Kleid auf das Grab der Mutter und zog wieder den alten, schmutzigen Kittel an.

Als die Schwestern nach Hause kamen, lag Aschenputtel in der Asche neben dem Herd wie sonst auch. Am nächsten Tag erzählten die Schwestern Aschenputtel von der schönen und geheimnisvollen Prinzessin, die zum Ball gekommen war. „Und was sagte der Prinz, als sie ging?“, fragte Aschenputtel. „Er war sehr traurig. Hoffentlich hat er sich nicht in sie verliebt!“

Am nächsten Tag ging das Fest weiter. Als die Eltern und die Schwestern fort waren, ging Aschenputtel wie am Tag zuvor zum Haselbaum und bat um ein Kleid. Diesmal warf der Vogel ein noch prächtigeres Kleid und glänzende Pantoffeln herab. Als Aschenputtel auf dem Ball erschien, staunten alle Gäste.

Der Prinz tanzte nur mit Aschenputtel und ließ nicht zu, dass ein anderer es zum Tanz aufforderte. Als es spät am Abend war, machte sich Aschenputtel auf den Heimweg, doch der Prinz wollte es wieder begleiten. Schnell floh es die Treppe hinab. In seiner Hast verlor es jedoch einen Schuh. Der Prinz hob ihn auf. Am nächsten Tag ließ er verkünden, dass er diejenige heiraten werde, der der zierliche Schuh passe.

Die ältere Stiefschwester probierte den Schuh als Erste an. Sie nahm ihn mit in eine Kammer und versuchte sich hineinzuzwängen. Sie passte jedoch nicht mit dem großen Zeh hinein. Ihre Mutter redete ihr zu, dass sie als Königin nicht mehr zu Fuß gehen müsse und so hieb sie sich den Zeh mit dem Messer ab. Sie unterdrückte jeden Schmerzenslaut, zwängte den Fuß in den Schuh und ging hinaus zum Königssohn.

Der Prinz nahm sie als seine Braut mit auf sein Pferd, doch als sie am Grab von Aschenputtels Mutter vorbeiritten, saßen die zwei Täubchen im Baum. Sie riefen: „Rucke di guh, rucke di guh, Blut ist im Schuh! Der Schuh ist zu klein, die rechte Braut sitzt noch daheim!“ Nun war die Reihe an der jüngeren Stiefschwester. Aber ihre Ferse war zu groß und so hieb sie sich ein Stück mit dem Messer ab. Wieder riefen die Täubchen im Haselbaum dem Königssohn zu, dass er die falsche Braut habe.

Enttäuscht kehrte der Prinz abermals um und fragte Aschenputtels Vater, ob es noch eine Tochter gäbe. Da sagte der Vater, er habe noch eine Tochter namens Aschenputtel. Der Königssohn bestand darauf, das Mädchen zu sehen und so ließ man es schließlich holen. Aschenputtel wusch sich Gesicht und Hände und probierte den zierlichen Schuh an. Er passte wie angegossen. Der Königssohn erkannte das schöne Mädchen das mit ihm getanzt hatte und rief: „Das ist die rechte Braut."

Die Stiefmutter und die beiden Stiefschwestern erschraken und wurden ganz bleich vor Ärger. Der Königssohn aber nahm Aschenputtel mit auf sein Pferd und als die beiden am Haselbäumchen vorbeiritten, saßen dort wieder die zwei Täubchen. Doch dieses Mal riefen sie: „Rucke di guh, rucke di guh, kein Blut ist im Schuh! Der Schuh ist nicht zu klein, die rechte Braut, die führt er heim." Dann setzten die Täubchen sich auf Aschenputtels Schultern, das eine rechts und das andere links.

Aschenputtel und der Prinz feierten ein prächtiges Hochzeitsfest, zu dem auch die beiden Schwestern kamen. Sie wollten sich einschmeicheln und teilnehmen am Glück ihrer Stiefschwester. Doch als sie das Brautpaar zur Kirche begleiteten, flogen die beiden Täubchen heran und pickten den Schwestern die Augen aus – so waren sie für ihre Bosheit bis zum Lebensende mit Blindheit gestraft. Aschenputtel und der Prinz aber lebten fortan glücklich und zufrieden.

Der Froschkönig

nach einem Märchen der Brüder Grimm

Es war einmal eine Prinzessin, deren Vater ein guter und gerechter König war. Wenn die Prinzessin sich langweilte, ging sie in den Wald an einen Brunnen und spielte dort mit einer goldenen Kugel.

Eines Tages saß sie wieder am Brunnen und warf ihre goldene Kugel in die Höhe. Aber es gelang ihr nicht, die Kugel wieder aufzufangen, und so fiel sie ins Wasser. Die Prinzessin schaute ihrer Kugel erschrocken nach. Das Wasser war so tief, dass sie nicht einmal den Grund sah. Die Prinzessin fing an zu weinen und klagte laut. Auf einmal hörte sie eine Stimme: „Warum weinst du, Königstochter?“ Die Prinzessin schaute auf und sah einen dicken, hässlichen Frosch. Sie erzählte ihm, was geschehen war.

Der Frosch bot ihr seine Hilfe an, doch als Belohnung verlangte er kein Geld. Er wollte Geselle und Spielkamerad der Prinzessin werden. In ihrer Not willigte die Prinzessin ein und gab ihm ihr Versprechen. Daraufhin tauchte der Frosch auf den Grund des Wassers und holte die Kugel wieder herauf.

Überglücklich nahm die Königstochter die Kugel an sich. Schnell rannte sie fort, denn sie hatte ihr Versprechen nicht ernst gemeint. Der arme Frosch rief hinter ihr her: „Warte, warte, nimm mich mit, ich kann nicht so laufen wie du.“ Doch sie hörte nicht darauf und eilte nach Hause. Als sie am nächsten Tag mit ihrem Vater am Tisch saß, hatte sie ihr Versprechen bereits vergessen.

Da klopfte es an der Tür und eine Stimme rief: „Königstochter, mach mir auf!“ Die Königstochter öffnete die Tür und sah dort den Frosch sitzen. Bei seinem Anblick erschrak sie, schlug schnell die Tür zu und setzte sich wieder an den Tisch. Als es zum zweiten Mal klopfte, wollte auch ihr Vater wissen, wer vor der Tür sei.

Die Prinzessin erzählte ihm nun, dass ihre goldene Kugel in das Wasser gefallen war und der Frosch sie für sie heraufgeholt hatte. „Ich versprach ihm, ihn zu meinem Gesellen zu machen. Doch er ist so hässlich, dass ich mein Versprechen nicht halten kann“, klagte sie. Der König erklärte seiner Tochter jedoch, dass man ein Versprechen stets halten muss. Widerwillig ließ sie den Frosch herein.

Der Frosch war jedoch nicht so leicht zufrieden zu stellen. Zuerst wollte er von der Prinzessin auf den Tisch gehoben werden und dann von ihrem Teller essen. Die Prinzessin schob ihm angewidert den Teller hin. Der Frosch ließ es sich schmecken, doch die Prinzessin bekam keinen Bissen hinunter.

Nach dem Essen war der Frosch müde und wollte im Zimmer der Prinzessin schlafen. Die Prinzessin fing an zu weinen, denn sie ekelte sich vor dem kalten und glitschigen Tier. Da wurde der König zornig und erinnerte sie an ihr Versprechen. Widerwillig packte sie den Frosch mit zwei Fingern und nahm ihn mit in ihr Zimmer.

Der Frosch wurde immer zudringlicher und forderte nun, sie solle ihn in ihrem Bett schlafen lassen. Er drohte, er werde ihren Vater holen, wenn sie ihr Versprechen nicht hielte. Da wurde die Prinzessin bitterböse, hob den Frosch auf und warf ihn mit aller Kraft gegen die Wand.

Die Prinzessin traute ihren Augen nicht, denn als der Frosch herabfiel, war er kein Frosch mehr, sondern ein schöner Prinz mit freundlichen Augen. Er bedankte sich bei ihr und erzählte ihr seine Geschichte. Er war von einer bösen Hexe verzaubert worden. Die Prinzessin hatte ihn nun endlich von dem Fluch befreit. Am nächsten Tag machten sie sich auf den Weg in sein Reich, wo sie fortan glücklich und zufrieden lebten.

In den Geschichten von schönen Prinzessinnen
und Feen passieren meist schlimme Dinge.
Trotzdem gehen die Geschichten immer gut aus.
Wenn du solche Märchen magst, wirst du auch
das der armen Prinzessin Heloise mögen,
die am Tag ihrer Taufe dazu verurteilt wird,
niemals das Sonnenlicht zu erblicken.

Kapitel III

Prinzessin Heloise

Nach einem Märchen der Madame d'Aulnoy

Es waren einmal ein König und eine Königin, die sich sehr lieb hatten. Ihr Glück war fast vollkommen: Das Reich war wohlhabend, die Ernten waren gut und die Untertanen dem Königspaar treu ergeben.

Doch die Jahre zogen ins Land und der König und die Königin wurden immer trauriger. Die Königin lächelte nur noch selten und war häufig niedergeschlagen, da sie immer noch kein Kind bekommen hatte.

Sie suchte bei den größten Gelehrten Rat, schluckte den scheußlichen Zaubertrank einer alten Hexe und befolgte die Anweisungen eines berühmten Zauberers aufs Wort, doch nichts half!

Die Wochen vergingen. Eines Tages erzählte ihr der Gesandte eines benachbarten Reiches von einer Zauberquelle, in der eine Fee wohne. Diese war dafür bekannt, dass sie Frauen mit reinem Herzen half, die ein Kind haben wollten.

Die Königin machte sich sofort auf den Weg zur Quelle. Doch die Fee war nirgends zu sehen. So kniete die Königin sich nieder, um zu trinken. In diesem Moment sah sie einen kleinen Fisch, der am Ufer nach Luft schnappte.

Der arme Fisch bat die Königin, ihn zurück ins Wasser zu bringen. Sie erfüllte seine Bitte sofort. Da verwandelte sich der Fisch vor ihren Augen in eine seltsame junge Frau, die ganz aus Wasser war. Es war die Quellenfee.

Die Fee hatte die Königin auf die Probe gestellt, um zu sehen, ob sie ein gutes Herz hatte. Nun sagte sie: „Majestät, ich weiß, warum Ihr gekommen seid. Folgt diesem Weg! Er führt zum Schloss meiner Schwestern. Sie werden Euch helfen.“

Die Königin zögerte, denn der Weg war dunkel und von Dornen übersät. Als sie ihn jedoch betrat, breitete sich vor ihr ein Blumenteppich aus. Viele bunte Schmetterlinge flatterten umher und begleiteten sie.

Schließlich erreichte die Königin das Schloss. Es war ganz aus Kristall und glitzerte prachtvoll in der Sonne. Der blaue Himmel spiegelte sich darin. Vorsichtig näherte sich die Königin und sah drei Feen, die auf sie warteten.

Die drei Feen luden die Königin zum Tee ein. Sie stellten ihr unzählige Fragen und die Königin beantwortete sie alle mit einem Lächeln. Die Feen waren neugierig und wollten eine Menge wissen, bevor sie der Königin halfen.

Als es Zeit zum Aufbruch war, schenkte jede der drei Feen der Königin ein Schmuckstück und sagte: „Die Schmuckstücke sind verzaubert. Wenn du uns eines Tages brauchst, blas einmal darüber und wir werden kommen.“

Die Königin dankte den Feen überschwänglich. Die Feen versicherten der Königin, dass ihr Wunsch, Mutter zu werden, bald in Erfüllung gehen werde. Die Königin suchte umgehend den König auf und erzählte ihm die Neuigkeiten.

Erstaunt lauschte der König dem Bericht seiner Gemahlin. Einige Monate später wurde der Bauch der Königin zunehmend runder: Sie erwartete das lang ersehnte Kind. Der König war außer sich vor Freude und kümmerte sich rührend um sie.

Die Königin brachte eine kleine Prinzessin zur Welt. Ihre Geburt versetzte das ganze Schloss in Aufregung. Alle Bewohner verneigten sich vor ihr und bewunderten sie. Der König weinte vor Stolz und Freude.

Die Geburt der Prinzessin wurde im ganzen Reich verkündet. Alle Einwohner freuten sich, dass die Königin nun keinen Grund mehr hatte, traurig zu sein. Viele Menschen kamen ins Schloss, um ihre Glückwünsche zu überbringen.

Vom großen Balkon des Palastes aus wurde die kleine Prinzessin dem Volk gezeigt. Sie trug ein Kleid aus wertvoller Spitze. Es war ein Erbstück, das zuvor bereits ihre Mutter, ihre Großmutter und ihre Urgroßmutter getragen hatten.

Von allen Seiten waren Rufe zu hören: „Hoch lebe die Prinzessin! Wir wünschen ihr Glück und ein langes Leben!“ Anlässlich der Geburt der Prinzessin hatten an diesem Tag alle Untertanen frei und durften feiern.

Die Untertanen wollten die Prinzessin aber aus der Nähe sehen, sie berühren und ihr Geschenke bringen. Der König und die Königin waren gerne bereit, ihre Freude und ihr Glück mit dem Volk zu teilen.

Kurze Zeit später wurde die Prinzessin im Beisein aller Könige und Königinnen der benachbarten Reiche getauft. Die Prinzessin erhielt den Namen Heloise, so hießen auch ihre Mutter und ihre Großmutter.

Wie es sich bei einem solchen Anlass geziemt, brachten die Könige und Königinnen viele Geschenke für den Täufling mit.

Ein Gast nach dem anderen trat vor und überreichte seine Gabe.
Einige Geschenke waren sehr wertvoll, andere eher ungewöhnlich.

Das Fest war fast perfekt, es fehlten nur die Feen. Die Königin wollte sich bei ihnen dafür bedanken, dass sie ihren größten Wunsch erfüllt hatten. Es war zu jener Zeit auch Brauch, dass die Feen sich über die Wiege eines

Kindes beugten und es mit guten Wünschen für die Zukunft bedachten. Die Königin blies auf die drei Schmuckstücke, die sie von den Feen erhalten hatte. Da erschienen die drei Feen inmitten einer Sternenwolke.

Zu Ehren der Feen führten die Hofnarren des Königs zahlreiche Kunststücke vor.

Der König und die Königin wollten sich nun ganz den drei Feen widmen und sie ehren, wie es ihnen zustand. Sie luden sie zu einem Festessen ein. Die Feen fühlten sich geschmeichelt und nahmen die Einladung dankend an.

Der König und die Königin ließen die feinsten und erlesensten Speisen auftragen. Für die Feen konnte nichts gut genug sein.

Nach dem Essen schenkte der König jeder Fee einen Koffer voller Gold und Edelsteinen. Angesichts dieser Großzügigkeit waren die Feen fast beschämt.

Nun kam der Moment, auf den der König und die Königin gewartet hatten. Die drei Feen beugten sich über die Prinzessin und jede von ihnen sprach einen Wunsch, schwang den Zauberstab und murmelte eine Zauberformel.

Die erste sagte voraus, dass die Prinzessin sehr schön und durch ihr freundliches Wesen bei den Untertanen beliebt sein werde. Die zweite prophezeite, dass sie sehr intelligent und in vielen Bereichen begabt sein werde.

Die dritte verkündete, dass sie einen Prinzen aus einem großen Reich heiraten und mit ihm sehr glücklich sein werde. Doch kaum hatte sie ihren Spruch beendet, da polterte es laut gegen die große Tür des Festsaals.

Die beiden Türflügel schwangen auf und eine gewaltige Wasserwoge schwappte herein. Es war die Quellenfee. Begleitet wurde sie von fürchterlichen Kreaturen, die halb Drachen, halb Fische waren und laut heulten.

„So eine Undankbarkeit!“, rief die Quellenfee und wandte sich an die Königin. „Ohne mich hättet Ihr nie ein Kind bekommen und Ihr vergesst mich einzuladen. Dafür werde ich mich rächen und die Prinzessin verfluchen!“

Die Königin bat um Verzeihung, doch die Fee beugte sich über die Prinzessin und sprach: „Bis zu deinem fünfzehnten Geburtstag sollst du niemals das Licht der Sonne erblicken! Wenn doch, so wirst du dich in ein Tier verwandeln.“

Die Quellenfee zog sich zurück. Ihre Schwestern konnten gegen diesen Fluch nichts unternehmen. Der König ordnete an, alle Fenster im Zimmer der Prinzessin zu verbarrikadieren, und beschloss, einen unterirdischen Palast zu bauen.

Er rief die besten Architekten des Reiches zu sich. Der König wollte dafür sorgen, dass die Prinzessin in einem Palast aufwachsen konnte, der ihrem Rang entsprach und in dem sie ein möglichst normales Leben führen konnte.

Hunderte von Arbeitern bauten innerhalb kürzester Zeit unzählige Kammern und Gemächer unter der Erde. Mit viel Geschick wurden die Räume und Gänge ausgeschmückt und beleuchtet. In allen Zimmern hingen Kronleuchter.

Außerdem wurden Kerzenständer aufgestellt. Spiegel an den Wänden warfen das Kerzenlicht zurück und sorgten auf diese Weise für mehr Helligkeit. Künstliche Pflanzen aus Edelsteinen glitzerten im Schein der Kronleuchter.

In diesem unterirdischen Palast wuchs die Prinzessin völlig unbeschwert auf. Sie wurde von einer Gouvernante erzogen, die zwei Töchter hatte: Johanna und Kunigunde. Heloise hatte Johanna lieber als ihre herrische Schwester.

Kunigunde war jedoch die Lieblingstochter der Gouvernante. Eifersüchtig wachte sie darüber, dass Kunigunde eine ebenso gute Bildung erhielt wie Heloise. Doch das arme Kind war weder so klug noch so begabt wie die Prinzessin.

Musik war eines der Lieblingsfächer der Prinzessin. Sie spielte schon sehr gut Klavier und Geige. Kunigunde dagegen war vollkommen unmusikalisch und hatte überhaupt keinen Spaß an den Musikstunden.

Heloise erhielt auch Reitunterricht. Es bereitete ihrem Reitlehrer große Freude zu beobachten, mit welcher Eleganz sie auf dem Pferd saß. Kunigunde dagegen machte immer eine schlechte Figur, wie sehr sie sich auch anstrengte.

Nachmittags hatte Heloise ein bisschen Zeit für sich. Ihre Gouvernante brachte ihr leckere Kekse, doch nur Kunigunde aß davon, denn sie war ein Leckermaul. Sie stopfte alles in sich hinein, ohne dass ihre Mutter sie dafür tadelte.

Die Gouvernante vergötterte ihre älteste Tochter. Sie ließ ihr alle Launen durchgehen und überschüttete sie mit Geschenken. Sie wollte, dass Kunigunde einer Prinzessin glich und putzte sie mit prächtigen Kleidern heraus.

Für Johanna dagegen hatte die Mutter kaum etwas übrig. Sie bekam nur abgetragene Kleider. Die Mutter richtete nie ein nettes Wort an sie, sondern tadelte sie häufig. Dennoch war Johanna nicht traurig, denn sie hatte ein Geheimnis.

Jeden Abend ging Johanna über einen Geheimgang in das Zimmer der Prinzessin. Die beiden Mädchen waren die besten Freundinnen. Um Johanna eine Freude zu machen, ließ Heloise sie ihre schönsten Kleider anprobieren.

Die Jahre zogen ins Land. Die Prinzessin war inzwischen vierzehn Jahre alt und so schön, dass ihr Vater sie porträtieren ließ. Er wollte sie seinem Volk zeigen, das ungeduldig darauf wartete, die Prinzessin zu Gesicht zu bekommen.

Es gab so viele gelungene Porträts, dass sie auch den königlichen Familien der benachbarten Reiche gebracht wurden. Auf diese Weise wollte der König den Prinzen im heiratsfähigen Alter seine Tochter vorstellen.

So geschah es, dass ein junger Prinz namens Heinrich eines der Porträts von Heloise zu sehen bekam. Er fiel auf die Knie, sein Herz klopfte wie wild und Röte stieg in seine Wangen: Er verliebte sich augenblicklich unsterblich in sie.

Seine Eltern schickten umgehend einen Gesandten, der im Namen des Prinzen um die Hand der Prinzessin anhielt. Er überreichte einen schriftlichen Antrag, einen Koffer voller Edelsteine und eine Statue des Prinzen.

Gerührt ließ der König seiner Tochter die Statue bringen. Die Prinzessin war wie verzaubert, als sie auf einem Kissen einen herzförmigen Anhänger entdeckte, den der Prinz ihr als Zeichen seiner Liebe schenkte.

Der Gesandte hatte den Auftrag, Heloise zum Prinzen bringen. Er wusste nichts von dem Fluch und war sehr verstimmt, als ihm mitgeteilt wurde, dass der Prinz die Prinzessin erst am Tag ihres fünfzehnten Geburtstags sehen könne.

Als dem Prinzen die Nachricht überbracht wurde, fing er furchtbar an zu weinen. Sein Vater, der König, wurde wütend und beauftragte den Gesandten, Heloise unverzüglich zu holen, sonst gäbe es Krieg.

Der Vater der Prinzessin besprach die schwierige Situation mit seinen Ratgebern. Um sein Verhalten zu erklären, sah er sich gezwungen, dem Gesandten von dem Fluch zu berichten, der auf seiner geliebten Tochter lastete.

Während sie beratschlagten, brach Prinz Heinrich vor lauter Sehnsucht fast das Herz und Heloise konnte nichts mehr essen und trinken, so sehr war sie in den Prinzen ihrer Träume verliebt und sehnte sich danach, ihn zu sehen.

Schließlich fand man eine Lösung: Die Prinzessin sollte in einer völlig geschlossenen Kutsche zum verdunkelten Schloss des Prinzen reisen. Die Königin bat die Gouvernante und ihre Töchter, die Prinzessin zu begleiten.

Der König und die Königin wussten nicht, dass die Gouvernante aus ihrer Tochter Kunigunde um jeden Preis eine Prinzessin machen wollte. Unterwegs öffnete sie hinterlistig die Tür der Kutsche und ließ das Sonnenlicht herein.

Die Prinzessin verwandelte sich auf der Stelle in ein Reh, das in den Wald floh. Um den Hals trug es den herzförmigen Anhänger des Prinzen. Die treue Johanna lief dem Reh nach, während ihre Mutter und ihre Schwester lachten.

Kunigunde zog das Kleid an, das die Prinzessin zurückgelassen hatte, und ihre Mutter setzte ihr das königliche Diadem auf den Kopf. Sie erreichten das Schloss, wo man ihnen zu Ehren Luftballons steigen ließ.

Als der Prinz Kunigunde erblickte, schrie er auf: Die Prinzessin, die vor ihm stand, glich in nichts der auf dem Gemälde. Die Gouvernante versicherte ihm, dass die Prinzessin müde sei und er sie am Morgen wiedererkennen würde.

Da fiel dem Prinzen das Geschenk ein, das er Prinzessin Heloise gemacht hatte: „Wo ist der Anhänger, den ich Euch geschenkt habe?“, fragte er Kunigunde. Verunsichert stotterte das junge Mädchen, dass sie nicht wisse, wovon er rede. Ihre Mutter versuchte das Thema zu wechseln, doch der Prinz bohrte weiter.

Prinz Heinrich ahnte, dass die beiden Frauen ihn täuschen wollten, und ließ sie in den Kerker werfen. „Ihr werdet Prinzessin Heloise niemals heiraten, denn Ihr werdet sie mit eigenen Händen töten!“, riefen sie. Der Prinz hielt sie jedoch für große Närrinnen und glaubte nicht ein Wort von dem, was sie sagten.

Um auf andere Gedanken zu kommen, ging er mit seinem treuen Knappen auf die Jagd. Im Wald erblickte er plötzlich auf einem Weg ein schlafendes Reh. Der Prinz zielte mit Pfeil und Bogen auf das Tier und traf es mitten ins Herz.

Der Prinz wollte das Reh gerade mit einem Dolchstoß töten, als er an seinem Hals den herzförmigen Anhänger entdeckte. Verwirrt dachte er an die Worte der Gouvernante und nahm das Reh zärtlich in die Arme.

Als der Prinz das Tier auf den Hals küsste, verwandelte es sich in seine über alles geliebte Prinzessin Heloise. Der Prinz traute seinen Augen nicht. Er hielt seine Liebste in den Armen, doch es war kein Leben mehr in ihr.

Der Prinz brachte Prinzessin Heloise ins Schloss. Aber auch die besten Ärzte konnten die Prinzessin nicht zum Leben erwecken. Die Eltern der Prinzessin eilten herbei. In ihrer Not beschlossen sie, die drei Feen um Hilfe zu bitten.

Die Königin blies auf ihre Schmuckstücke und die Feen erschienen. Sie zögerten keine Sekunde. Sie beugten sich gemeinsam über die Prinzessin, schwangen ihre Zauberstäbe und murmelten dabei seltsame Worte.

Da kehrte die Farbe in das Gesicht der Prinzessin zurück und sie schlug die Augen auf. Der Prinz bedeckte sie mit Küssen. Die Königin wollte sich bei den Feen bedanken, doch sie waren bereits verschwunden.

Wie in allen Märchen heiratete die Prinzessin den schönen Prinzen. Sie führten ein glückliches und zufriedenes Leben. Es wird berichtet, dass Kunigunde und ihre Mutter freigelassen wurden. Trotz ihres Verrats durften sie Prinzessin Heloise weiterhin dienen. Johanna ihrerseits heiratete den treuen Knappen des Prinzen.

Kapitel
IV
Wir basteln ein Prinzessinnenkostüm

Das Prinzessinnenkostüm

Oberteil
von hinten

Oberteil
von vorn

Halsschmuck
am Umhang

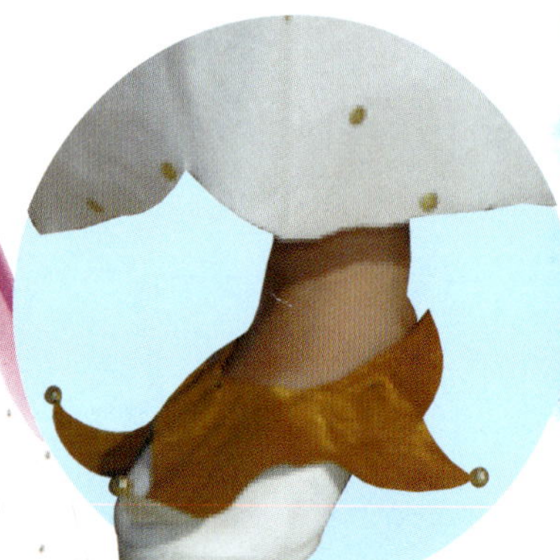

Die Pantoffeln

Das Kleid

Die angegebenen Maße gelten in etwa für ein dreijähriges Kind.

Materialien:

Schere

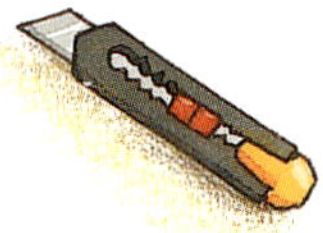

Cutter

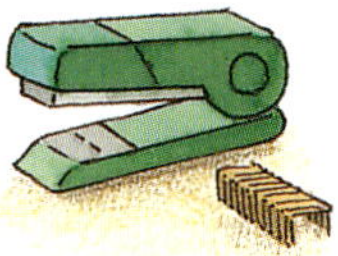

Hefter

Flüssig-klebstoff

feiner Pinsel

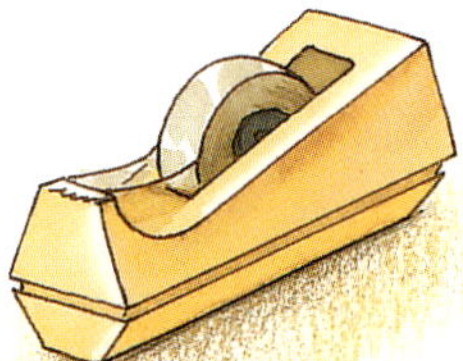

Klebeband

2 Mappen aus Pappe

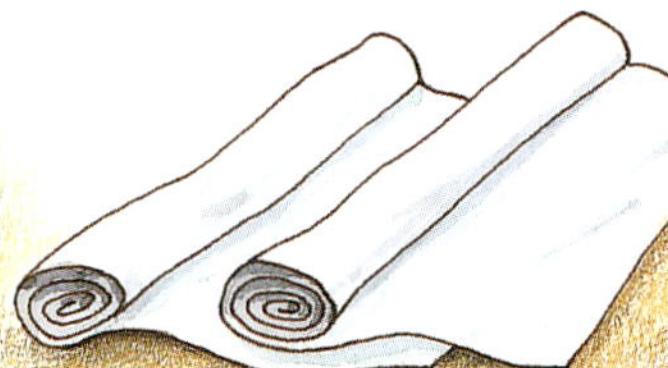

2 Rollen weißes Krepp-Papier

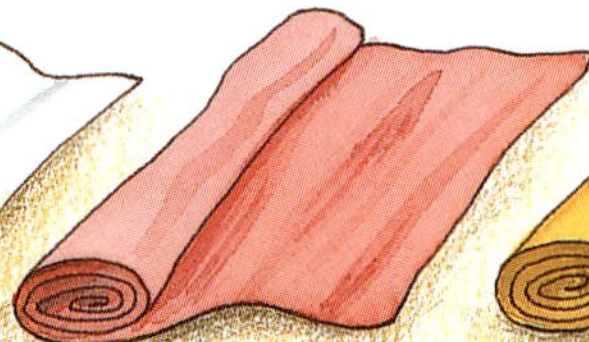

1 Rolle rosafarbenes Krepp-Papier

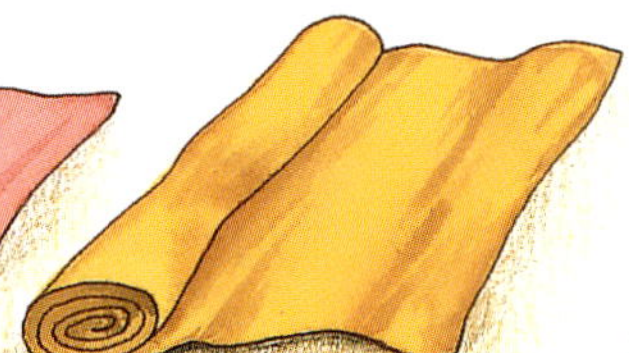

1 Rolle goldenes Krepp-Papier

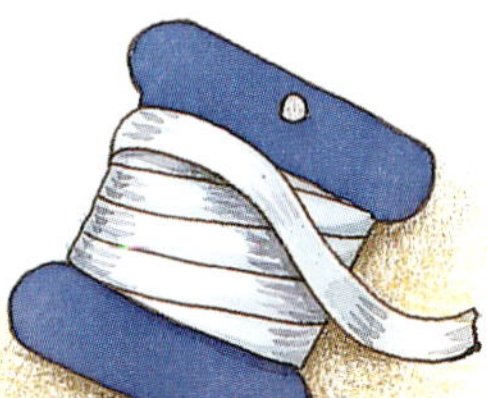

1,50 m Gummiband

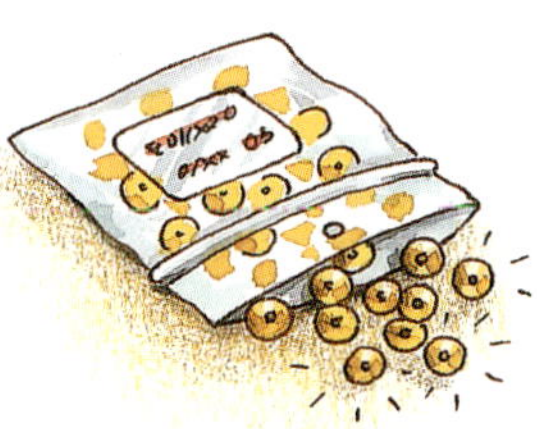

1 Tütchen goldene Pailletten

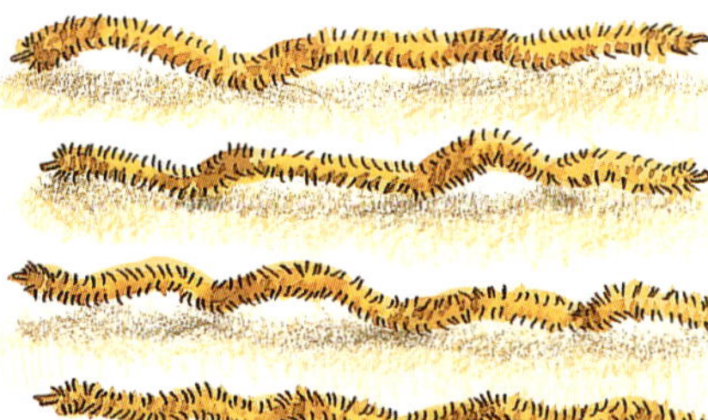

6 goldene Pfeifenputzer

Weißes Krepp-Papier auf eine Länge von 2,50 m schneiden und zusammenfalten. Das offene Ende mit Heftklammern zusammenheften (1). Das Krepp-Papier doppelt nehmen.

Im Abstand von 5 cm vorn und hinten auf Gürtelhöhe je ein 1 cm langes Klebeband auf das Krepp-Papier kleben. Mit dem Cutter in jedes Klebeband schneiden. Das Gummiband hindurchziehen (2).

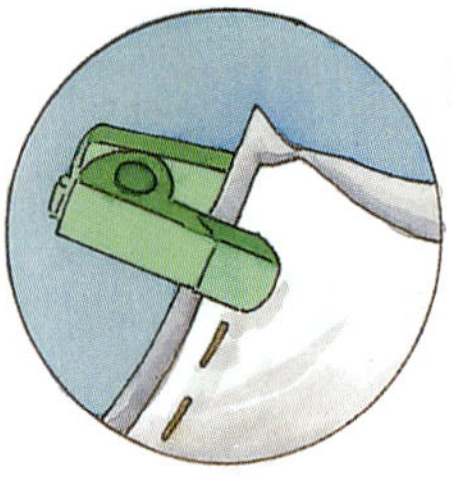
①

②

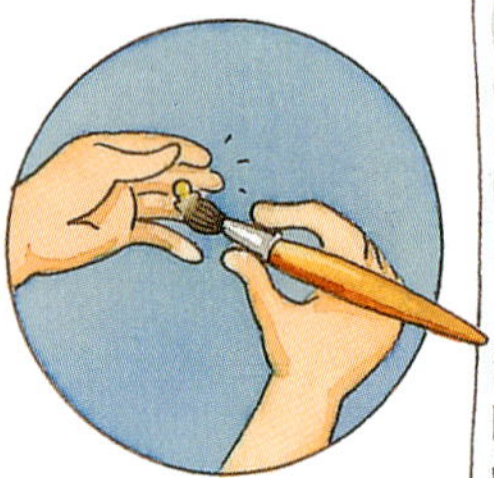
③

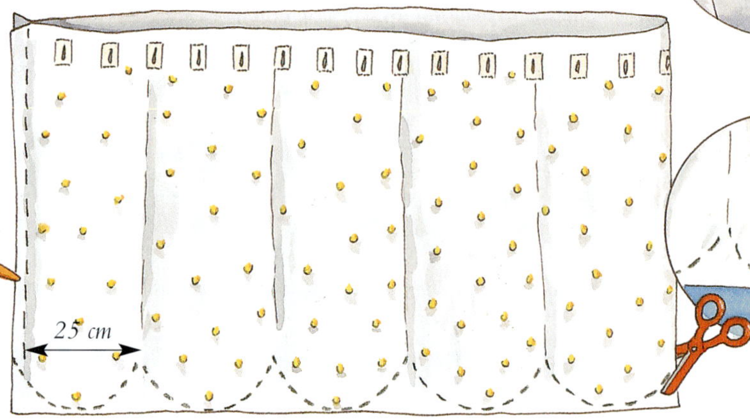

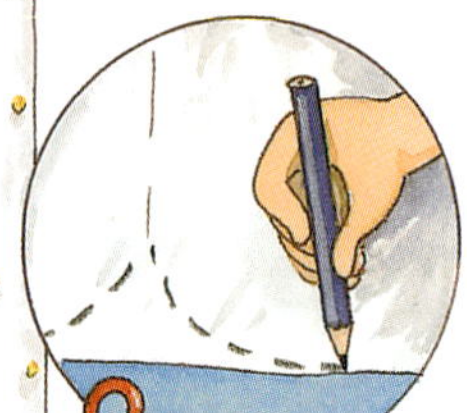
④

Je einen Tropfen Klebstoff mit dem Pinsel auf eine Paillette auftragen und die Pailletten in gleichmäßigem Muster aufkleben (3).

Am Saum Halbkreise mit einem Durchmesser von 25 cm aufzeichnen. Das Papier entlang der Linie abschneiden (4).

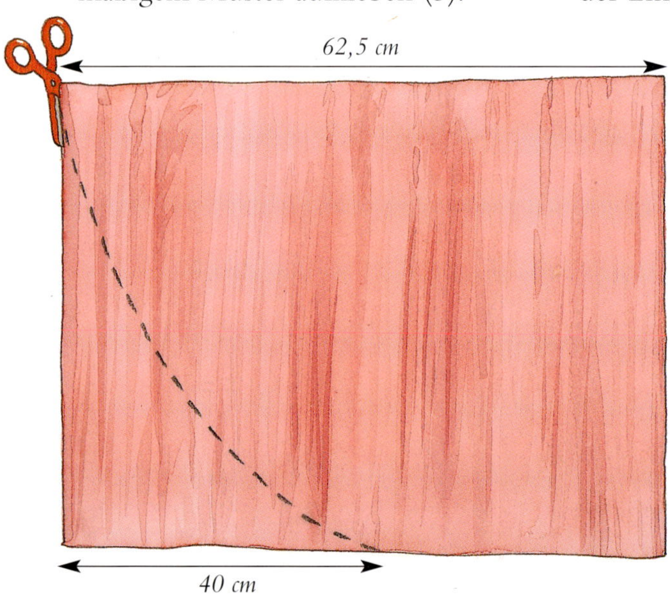

2 Bahnen rosafarbenes Krepp-Papier mit einer Länge von je 62,5 cm abschneiden und übereinander legen. Rund zuschneiden wie abgebildet.

Den Rock um die Taille des Kindes legen und gleichmäßig zusammenschieben. Mit dem Gummiband eine Schleife machen (die sich beim Ausziehen leicht öffnen lässt). Die Öffnung auf den Rücken drehen.

Das rosafarbene Krepp-Papier wie abgebildet umlegen. Mit Heftklammern einige Falten hineinheften. Vorn beginnen und passend machen.

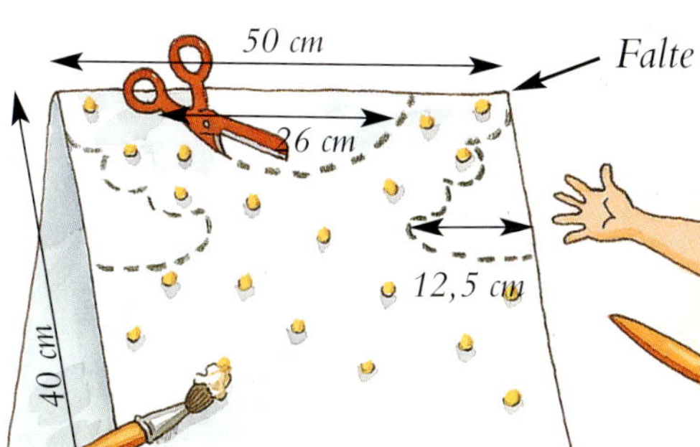

Eine 80 cm lange Bahn vom weißen Krepp-Papier abschneiden und zusammenfalten. Hals und Armausschnitte ausschneiden. Vorder- und Rückenteil zuschneiden. Auf die Größe achten! Pailletten aufkleben.

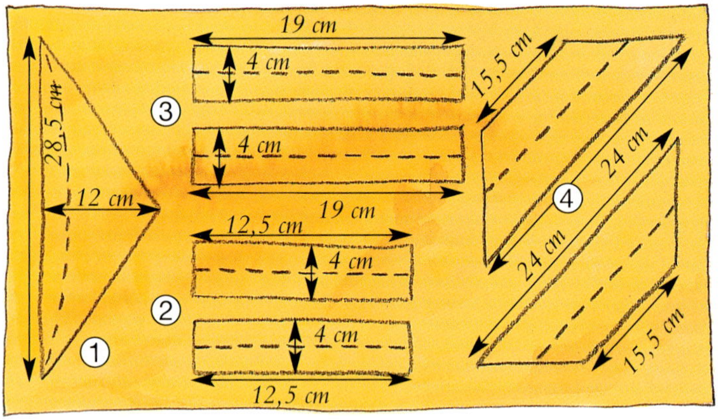

70 cm goldenes Krepp-Papier abschneiden. Die 7 Schnitt-Teile wie abgebildet aufzeichnen. Ausschneiden und entlang der gestrichelten Linien zusammenfalten.

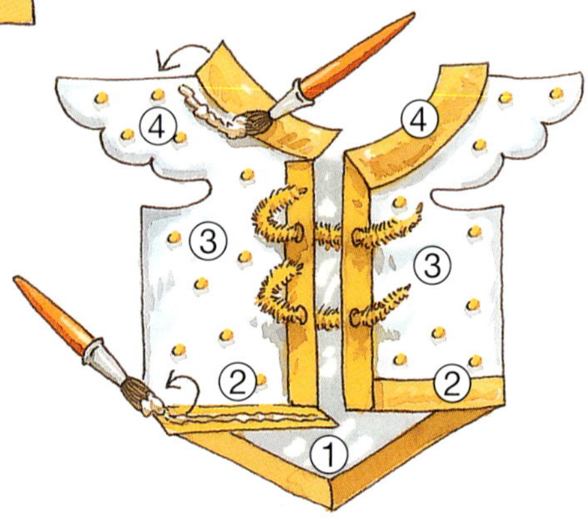

Die Teile wie abgebildet mit der Rückseite auf die Papierkanten kleben. Am Rückenteil je 2 Löcher stechen, sodass man 2 goldene Pfeifenputzer als Verschluss durchstecken kann.

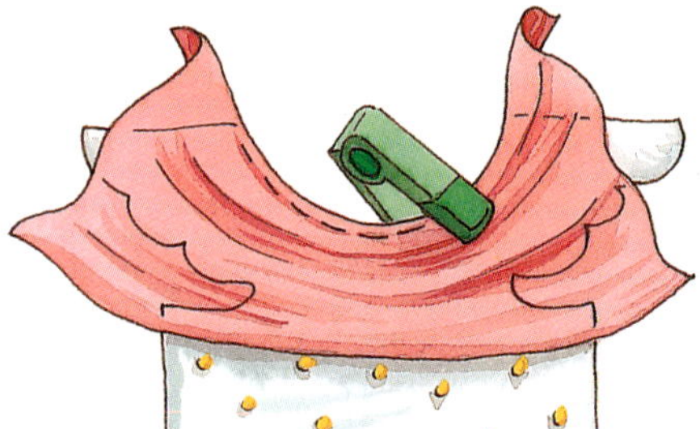

30 cm rosafarbenes Krepp-Papier abschneiden. Vorn am Halsausschnitt wie abgebildet an das Oberteil heften. Das Papier raffen ...

... und die Enden mit 2 Pfeifenputzern zusammenhalten. Das überstehende Papier bis auf einige Zentimeter abschneiden, sodass es kleine Papierröschen bildet.

Der Umhang

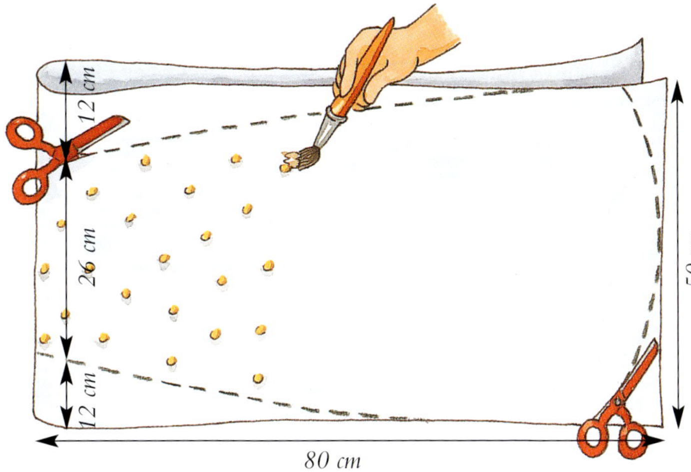

Eine 1,60 m lange Bahn weißes Krepp-Papier abschneiden. Zusammenfalten. Den Umhang wie abgebildet ausschneiden. Auf einer Seite mit Pailletten bekleben.

Eine Mappe aus Karton öffnen und beide Seiten mit goldenem Krepp-Papier bekleben.

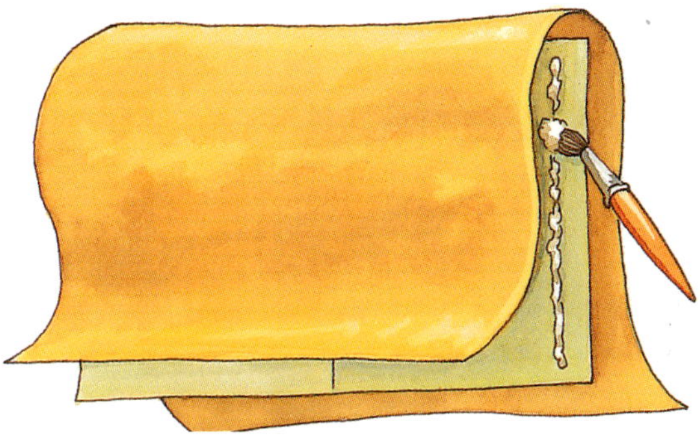

Wenn der Klebstoff getrocknet ist, den Halsschmuck des Umhangs aufzeichnen und wie abgebildet ausschneiden. Die Vorlage nach der Falte der Mappe ausrichten, so lässt sich der Halsschmuck hinterher leicht falten.

Den Halsschmuck falten und an den Umhang heften.
2 Pfeifenputzer an den Enden zusammendrehen. 2 kleine Löcher in den Umhang machen und die Pfeifenputzer durchziehen. Jetzt kann man den Umhang am Hals des Kindes befestigen.

Die Krone

Eine Mappe aus Pappe in der Mitte durchschneiden. Nur eine Hälfte verwenden. Die Vorder- und Rückseite mit goldenem Krepp-Papier bekleben.

Wenn der Klebstoff trocken ist, die Form der Krone aufzeichnen und mit der Schere ausschneiden.

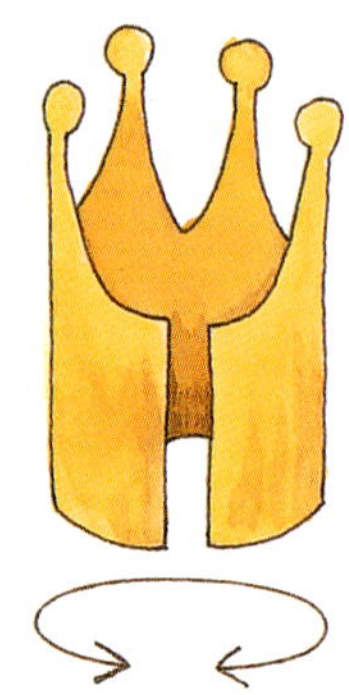

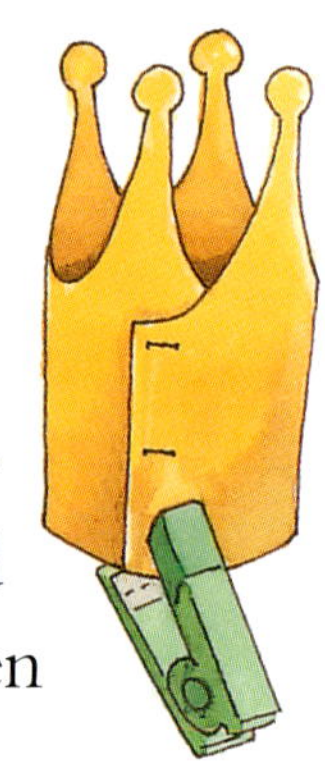

Die Krone biegen und an den Enden zusammenheften.

Die Schuhe

Materialien: 1 Paar weiße Hausschuhe aus Stoff, goldenen Draht, 6 goldene Perlen, 2 Vierecke (je 15 x 10 cm) aus goldenem Krepp-Papier, Hefter, Klebeband.

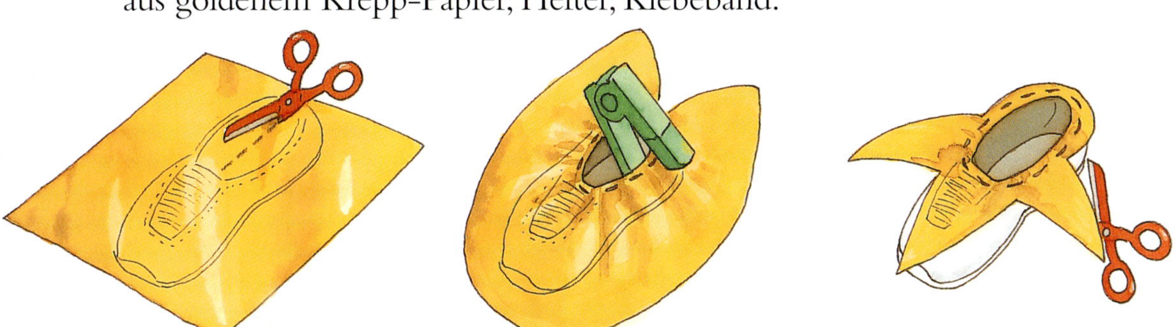

Ein Stück goldenes Krepp-Papier auf den Schuh legen. Wie abgebildet zuschneiden. Das Papier an die Innenseite des Schuhs heften. Die Dreiecke ausschneiden.

Ein etwa 8 cm langes Stück goldenen Draht nehmen, eine Perle auffädeln und mit dem Draht fixieren. Mit Klebeband die Perle mit Draht von unten auf ein Dreieck kleben.

Ende